Mein Geschichtenschatz zur Erstkommunion

Mit Geschichten von Sabine Cuno und Illustrationen von Barbara Korthues

arsEdition

Liebes Kommunionkind,

bevor du umblätterst und anfängst zu lesen, möchte ich dir gerne noch etwas über dieses Buch erzählen:
Die Kinder, um die es darin geht, heißen Julia und Jonas. Genau wie du sind sie vor Kurzem einen besonderen Weg gegangen: den Weg zu ihrer Erstkommunion.
Dabei konnten sie viel Schönes, Lustiges, Aufregendes und manchmal auch Trauriges erleben.
Nach und nach haben sie mir davon erzählt und mich gebeten, ihre Geschichten aufzuschreiben. Es sind eigentlich ganz alltägliche Geschichten. Doch in jeder einzelnen liegt ein kleiner Schatz verborgen.
Jonas und Julia haben diese Schätze bereits entdeckt und wollen sie nun mit dir teilen.
Finden musst du diese selbst. Doch wenn du sie gefunden hast, wirst du sie sicher gerne in Erinnerung behalten!

Bibliografische Information der Deutschen Nationalbibliothek

Die Deutsche Nationalbibliothek verzeichnet diese Publikation
in der Deutschen Nationalbibliografie;
detaillierte bibliografische Daten sind im Internet
über http://dnb.d-nb.de abrufbar.

© 2013 arsEdition GmbH, München
Alle Rechte vorbehalten
Text: Sabine Cuno
Illustrationen: Barbara Korthues
Satz: Janina Michna, München
ISBN 978-3-7607-8487-8

www.arsedition.de

Inhaltsverzeichnis

Oh, Himmel, hilf!	10
Lichterhäuschen	16
Genau das Richtige!	24
Danke!	28
Freunde finden	34
Mamas Mecker-Fasten	42
Glück gehabt! – Gott sei Dank!	50
Blumen für Frau Abob	58
Papas Panda	66
Worauf es ankommt	72
Lach nicht, Jesus!	78
Kommunionherzen	86

Oh, Himmel, hilf!

Julia und Jonas wohnten in derselben Straße, waren zusammen im Kindergarten gewesen und gingen nun auch in dieselbe Schulklasse. Aber Freunde waren sie deshalb noch lange nicht.

Jonas beachtete Julia kaum, und wenn, dann ging sie ihm meistens auf die Nerven, weil sie ihm zu viel und zu schnell redete. Und immer war sie so herausgeputzt. Überhaupt regten ihn die Mädchen mit ihrem Kichern und Kreischen auf.

„Hühner!", dachte er oft.

Auch Julia nahm Jonas nur selten wahr, und wenn das mal der Fall war, ärgerte sie sich meistens über ihn, weil er sie immer so komisch angrinste, aber nie etwas sagte, und sie nicht wusste, was er über sie dachte. Dass er ständig in diesen Sportsachen herumlief, gefiel ihr auch nicht.

Sowieso nervten sie die Jungs mit ihrem coolen und starken Getue.

„Angeber!", dachte sie oft.

So war das. Und solange Julia und Jonas sich also aus dem Weg gingen, gab es kein Problem.

Bis zu dem Tag, an dem die Kommuniongruppen zusammengestellt wurden.

In jeder Gruppe sollten vier Kinder aus der gleichen Wohngegend sein, und zwar sowohl Jungen als auch Mädchen.

Jetzt ahnst du sicherlich schon, was passiert ist.

Ja, richtig: Julia und Jonas kamen in ein und dieselbe Gruppe! Und mit ihnen Julias Freundin Anja und Jonas' Freund Sebastian.

In der großen Pause waren die Kommuniongruppen das Thema Nummer eins. Auch bei Jonas und seinen beiden Freunden Basti und Moritz. Sie beschwerten sich heftig darüber, warum es nicht getrennte Jungs- und Mädchengruppen gab. Gerade als Julia und Anja an ihnen vorbeigingen, stöhnte Jonas kaum hörbar: „Oh, Himmel, hilf!"

Doch Julia hatte es gehört. Blitzartig drehte sie sich zu ihm um und fauchte: „Was soll das denn heißen?"

„Nichts … nichts … gar nichts!", antwortete Jonas schnell und hielt dabei seine Arme vor sein Gesicht, so als ob er sich vor ihr schützen müsste. Sebastian und Moritz platzten vor Lachen.

„Sehr witzig!", zischte Anja wütend.

„Stimmt!", sagte Sebastian und grinste breit. „Nur schade, dass

Moritz evangelisch ist. Sonst wäre er auch in unserer Gruppe und dann wäre es noch viiiel witziger!"

„Pöh", machten beide Mädchen. Und weil ihnen so schnell keine passende Antwort darauf einfiel, hakten sie sich ein und gingen mit hoch erhobenen Köpfen weiter.

Die Jungs lachten immer noch. Julia kochte vor Wut und ärgerte sich über sich selbst. Warum hatte sie nichts mehr gesagt? Sie war doch sonst so schlagfertig.

Das kennst du sicher auch und weißt, dass einem die besten Antworten immer erst später einfallen.

An diesem Tag ging Julia nach der Schule zu ihrer Oma, weil ihre Eltern verreist waren. Sie war noch nicht richtig zur Tür herein, da sprudelte es auch schon aus ihr heraus und ihre Wut kochte noch einmal so richtig hoch. Natürlich fielen ihr nun auch die herrlichsten Antworten ein, die sie den Jungs hätte an den Kopf werfen können. Sie schimpfte laut: „Ich hätte sagen sollen, dass der Himmel unbedingt dem feigen Jonas helfen muss. Denn er kann ja nur grinsen und kriegt den Mund nicht auf! Ich hätte dem blöden Sebastian sagen sollen, dass …"

„Halt, halt!", unterbrach sie ihre Oma.

Sie legte ihre Hand auf Julias Schulter und meinte besänftigend: „Julia, jetzt beruhige dich doch wieder. Ihr vier habt schließlich einen gemeinsamen Weg vor euch. Ihr geht miteinander auf eure Erstkommunion zu und werdet von Jesus erwartet. Meinst du vielleicht, es gefällt ihm, wenn ihr zerstritten bei ihm ankommt?"

Julia verstummte. Betroffen schaute sie ihre Oma an und schüttelte den Kopf.

„Sag mal, glaubst du eigentlich, dass Jesus alle Menschen lieb hat?", wollte ihre Oma von ihr wissen, während sie das Mittagessen auf den Tisch stellte. Julia nickte. „Also auch den feigen Jonas und den blöden Sebastian?", fragte ihre Oma weiter. Julia zögerte einen Moment und nickte dann zaghaft.

„Hm, vielleicht hilft es dir ja, wenn du dich öfter mal daran erinnerst", meinte ihre Oma mit einem verschmitzten Lächeln.

„Und nun lass uns beten und essen … und den Ärger vergessen!"

Als Julia am Abend ihre Schulsachen für den nächsten Tag einpackte, kam ihr auch die Kommuniongruppe wieder in den Sinn.

14 Sie hatte sich so sehr auf diese Zeit gefreut, doch jetzt würden die Jungs bestimmt alles verderben. Ihr Bauch krampfte sich zusammen. „Jonas und Sebastian", dachte sie wütend. „Die sie heute ausgelacht hatten …, die so blöd sind …, die ich nicht ausstehen kann …, die …, die …, die Jesus genauso liebt wie mich!" – Huch! Hatte sie das gerade wirklich gedacht? Julia stutzte. Da war der Gedanke schon wieder: „Jesus liebt auch Jonas!" Seltsam, auf einmal war ihre Wut gar nicht mehr so groß. Stattdessen spürte sie ein Kribbeln in ihrem Bauch, das sich mehr und mehr ausbreitete. Sie kannte dieses Gefühl gut. Es war ihr Sich-vertragen-wollen-Gefühl!

Am nächsten Morgen war das Kribbeln noch immer da. Auf dem Schulweg kam Julia ein Gedanke, den sie auf der Stelle mit ihrer besten Freundin Anja teilen musste.

Weil Anja von ihrer Idee begeistert war, gingen die beiden Mädchen gleich in der ersten Pause auf Jonas und Sebastian zu. Julia baute sich vor ihnen auf, holte tief Luft und legte los: „Also, wir fanden das gestern nicht gut von euch. Aber wir möchten uns mit euch vertragen, weil wir doch nun eine Gruppe sind und weil wir wollen, dass es eine schöne Zeit wird, und weil … ähm … weil wir glauben, dass Jesus das auch will!"

Die Jungs waren vollkommen überrumpelt. Jonas fand als Erster die Sprache wieder. „Wir wollen das eigentlich auch", murmelte er und blickte verlegen zu Boden. Dann hob er den Kopf: „Und wegen gestern … Das tut mir leid!"

„Schon vergessen!", sagte Julia. Sie war nur noch froh und erleichtert. Denn jetzt wusste sie, dass eine schöne Zeit vor ihnen lag, und die anderen wussten es auch.

Lichterhäuschen

Bist du auch so gerne zu deinen Kommuniongruppenstunden gegangen? Julia freute sich schon immer sehr auf diese Nachmittage, die sie zusammen mit Anja, Jonas und Sebastian verbringen konnte. Denn Frau Blum, die die Gruppe leitete, hatte jedes Mal eine andere tolle Idee.

„Guck mal, was wir heute in der Kommuniongruppe gebastelt haben!", rief Julia zu Hause schon an der Tür. Sie holte vorsichtig ein kleines Papierhaus aus ihrer Tasche und stellte es stolz auf den Tisch. Hinter die Fenster hatte sie gelbes Seidenpapier geklebt. „Die leuchten richtig!", verkündete Julia. „Willst du es mal sehen?" Sie zog die Vorhänge zu. Ihre Mama zündete ein Teelicht an und stellte es in das Häuschen.

„Schöööön!", flüsterte Julia. Und das war es wirklich – so wie es da stand und seine Fenster hell strahlten.

„Weißt du eigentlich, dass wir auch Häuser sind?", fragte Julia. „Frau Blum hat gesagt, dass unser Körper unser Haus ist, unsere Augen sind die Fenster und in unserem Haus wohnt unsere Seele. Wenn es drinnen in uns hell ist, weil wir uns freuen oder so, dann strahlt die Freude durch unsere Fenster nach draußen!"

Ihre Mama überlegte ein bisschen, dann sagte sie: „Hm, das stimmt wirklich. Wenn meine Freundin Doris mich mit ihren fröhlichen himmelblauen Augen anstrahlt, ist das ansteckend. Schwups – schon fühl ich mich gut! Egal, was vorher war."
Die beiden lachten.
Julia nickte und erzählte weiter: „Ja, das hat Frau Blum auch gesagt, und wir sollen es bis zu unserem nächsten Treffen mal ausprobieren."
„Was sollt ihr ausprobieren?", wollte ihre Mama wissen.
„Andere Menschen anstrahlen … so richtig in die Augen! Und dabei sollen wir beobachten, was passiert", antwortete Julia.
Auf einmal schaute sie ganz unsicher und sagte: „Ich glaub nicht, dass ich das kann! Und … ach dujemine … das ist ja unsere Hausaufgabe bis zur nächsten Stunde! Da sollen wir nämlich erzählen, was wir erlebt haben."
„Na hör mal!", widersprach ihre Mama. „Warum solltest du das denn nicht können?"
„Weil ich mich nicht traue!", flüsterte Julia.
Ihre Mama redete ihr gut zu: „Aber Julia, da ist doch nichts dabei, jemanden freundlich anzuschauen. Das machst du doch sonst auch. Ich finde, das ist eine leichte Hausaufgabe!"
Auf einmal fing sie an zu kichern und sagte: „Das ist doch eher eine Häuschenaufgabe!"

Julia fand das gar nicht lustig. Sie schaute starr auf ihr Lichterhaus. „Häuschenaufgabe!", wiederholte sie still für sich. Und dann musste sie doch grinsen. Abends im Bett überlegte Julia, wen sie glücklich anstrahlen könnte. Ein Mädchen aus ihrer Klasse? – Lieber nicht, die würde vielleicht lachen!

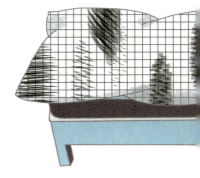

Einen Jungen schon gar nicht. Der würde am Ende noch denken, sie sei in ihn verliebt! Nein, am besten jemanden, den sie nicht so gut kannte. Und morgen sowieso noch nicht. Bis zur nächsten Kommunionstunde war ja noch viel Zeit.

Die Tage vergingen und Julia dachte gar nicht mehr an ihre Hausaufgabe. Da geschah es … auf einmal … einfach so … und ganz leicht: Sarah hatte Julia für Freitag zu ihrem Geburtstag eingeladen, sogar übernachten durfte sie dort! Julia freute sich riesig. Als sie in der kleinen Pause quietschvergnügt in Richtung Toilette hüpfte, begegnete ihr Hausmeister Biesig. Julia und die anderen Kinder nannten ihn heimlich „Herr Biestig", weil er immer brummig und schlecht gelaunt war. Auch jetzt schaute er sie unfreundlich an. Doch Julia nahm es gar nicht wahr, so sehr freute sie sich über die Geburtstagseinladung und strahlte richtig in ihrem Glück. Ihre Freude funkelte nur so aus ihren Augen heraus und mitten in seine Augen hinein!
Und was glaubst du, machte Herr Biesig?
Richtig, er lächelte! Ja, wirklich, er lächelte, und dann fragte er sogar noch: „Na, geht's gut?"
Erst als Julia wieder zum Klassenzimmer zurücklief, bemerkte sie, was soeben passiert war. Sie konnte es kaum fassen: Hausmeister Biesig war gar nicht so biestig, wie sie alle dachten! Da fiel ihr plötzlich auch ihr kleines Papierhaus wieder ein … und die Hausaufgabe! Die hatte sie doch tatsächlich gerade eben gemacht, einfach so … und ganz leicht!
„Mama hatte recht. Das war wirklich eine Häuschenaufgabe!", dachte Julia und musste schmunzeln.
Zur nächsten Gruppenstunde hatten alle ihre Häuschen wieder dabei. Und jeder hatte etwas zu erzählen: vom Busfahrer, der

auf einmal „Hallo" sagte, von der Kassiererin, die plötzlich so
geduldig war, vom müden Papa, der mal wieder Lust zum Spielen hatte … und natürlich auch von Hausmeister Biesig.

„Da habt ihr doch glatt eine ganze Menge Menschen mit eurer
Freude angesteckt, und das einfach nur mit den Augen!", rief
Frau Blum begeistert.

Julia, Anja, Jonas und Sebastian freuten sich und redeten aufgeregt durcheinander. Als sie langsam wieder ruhiger wurden,
zeigte Frau Blum auf die gebastelten Häuschen und sagte: „In
euren Papierhäusern ist es jetzt dunkel. Kann es sein, dass es in
euch auch manchmal dunkel ist?"

„Ja", antwortete Anja, „wenn ich traurig bin."

Und schon plapperten alle wieder durcheinander. Denn jedem
fiel etwas dazu ein: „Wenn meine Schwester mich ärgert." –
„Wenn meine Klassenkameraden gemein zu mir sind." – „Wenn
meine Mama weint." – „Wenn jemand stirbt."

Frau Blum hörte ihnen aufmerksam zu. Dann stand sie auf und
schloss die Vorhänge. Plötzlich war es dunkel und es wurde
ganz still.

„Was meint ihr, wodurch kann es in euch wieder hell werden?",
fragte Frau Blum jetzt.

„Wenn mich jemand tröstet", erklärte Julia. Frau Blum nickte
verständnisvoll und gab Julia ein brennendes Teelicht für ihr
Häuschen.

Jetzt fiel auch den anderen etwas ein: „Wenn ich mich wieder vertrage." – „Wenn jemand lieb zu mir ist." – „Wenn ich mich entschuldige."

Frau Blum verteilte ein Teelicht nach dem anderen, und bald schon leuchtete es in allen vier Häuschen.

Die Kinder schauten stumm in das warme Licht ihrer kleinen Häuser.

„Es gibt jemanden", flüsterte Frau Blum, „der immer da ist, uns immer lieb hat und der alle Menschen erleuchten kann."

Da platzte es aus Jonas heraus. „JESUS!", rief er.

„Ja!", sagte Frau Blum und lächelte. „Jesus möchte mit seinem Licht immer bei euch sein. Wenn er das darf, dann wird es in eurem Haus NIE wirklich dunkel sein!"

Genau das Richtige!

Ich glaube, alle Kinder haben ihren Papa gern. Sie bewundern ihn und finden ihn toll. Bei Jonas ist das jedenfalls so. Und seit Kurzem weiß er auch genau, warum er ihn so lieb hat. Natürlich hat er auch seine Mama sehr lieb, doch in dieser Geschichte geht es nun um seinen Papa.

Es ist noch gar nicht lange her, da hörten sie im Religionsunterricht den ersten Teil einer Erzählung, in der es um einen Vater und seine beiden Söhne ging: Der Vater liebte seine Söhne und war traurig, als einer von ihnen das Zuhause verließ, um ein anderes, scheinbar besseres Leben zu führen. Mit der Zeit wurde dieser Sohn jedoch immer ärmer und hatte schließlich gar nichts mehr. Reumütig kehrte er zu seinem Vater zurück, und dieser nahm ihn liebevoll wieder auf, ohne ihm Vorwürfe für sein Verhalten zu machen. Denn er war ein guter Vater.

Nachdem sie noch eine Weile über die Geschichte gesprochen hatten, gab Herr Sommer den Kindern die Aufgabe, alles aufzuschreiben, was sie an ihrem Vater gut finden.

Sofort schrieben alle eifrig los. Manchen fiel eine ganze Menge ein, manchen etwas weniger.

Als alle fertig waren, durfte jeder vorlesen, was ihm am wichtigsten war. Julia fing an: „Ich finde gut, dass mein Papa gerecht ist!" Dann kam Anja dran: „Ich finde gut, dass er lieb ist!" So ging es der Reihe nach weiter. „Ich finde gut, dass er so mutig ist!" – „… dass er für seine Familie sorgt!" – „… dass er unser Haus gebaut hat!" „… dass er eine gute Arbeit hat!" – „… dass er so viel Geld verdient!" – „… dass er ein Motorrad hat!" – „… dass er ein cooles Autos hat!" – „… dass er Rennrad fährt!" – „Mein Papa hat sogar ein Rennrad und ein Mountainbike!" – „Meiner hat …"

Merkst du was?

Auf einmal ging es nur noch darum, was jeder Vater hat.

26 Und gerade da kam Jonas dran. Die Gedanken wirbelten durch seinen Kopf: „Papa hat kein Rennrad … und kein cooles Auto. Hat er viel Geld? – Ich glaube nicht. Was hat er denn?" Und – schwupp! – schon hörte er sich sagen: „Mein Papa hat ZEIT!" Ups – das wollte er doch gar nicht sagen! Eigentlich wollte er etwas ganz anderes vorlesen. Nämlich, dass er an seinem Papa gut findet, dass er so viel mit ihm macht. Doch nun war es schon zu spät.

Alle schauten ihn mit großen Augen an und dann fingen auch schon die Ersten an, zu tuscheln und zu kichern. Jonas wurde ganz mulmig, und er spürte, wie er rot wurde. Hatte er etwas Falsches gesagt? Wie gut, dass ihm in diesem Augenblick sein Lehrer zu Hilfe kam. Er lächelte Jonas an und meinte: „Das hast du schön gesagt." Dann wandte er sich an die Klasse: „Ich hatte schon befürchtet, dass ihr mir langsam vom Weg abkommt und ganz vergesst, um was es eigentlich geht. Danke, Jonas. Du hast uns wieder daran erinnert!" Kannst du dir vorstellen, wie erleichtert Jonas war? Er hatte nichts Falsches gesagt. Nein, es war sogar genau das Richtige! Herr Sommer fuhr fort: „Wenn ich gewollt hätte, dass ihr aufschreibt, was euer Papa alles hat, dann hätte ich das gefragt. Die Aufgabe war aber, darüber nachzudenken, was ihr gut an ihm findet. Das ist etwas ganz anderes."

Es wurde still im Klassenzimmer. Jeder schaute ernsthaft in sein Heft und keiner kicherte mehr. Sebastian war als Nächster an der Reihe und las vor: „Ich finde gut, dass mein Papa zuhören kann!" Und wieder ging es weiter: „Ich finde gut, dass er manchmal mit mir spielt!" – „… dass er Geduld hat!" – „… dass er so lustig ist!" – „Ich finde gut, dass er meiner Mama hilft!", sagte Moritz, der als Letzter an der Reihe war.

„So", sagte Herr Sommer, „und nun lest noch einmal genau nach, was ihr aufgeschrieben habt. Dann streicht bitte all das wieder durch, was hier nicht hingehört." Alle beugten sich über ihre Hefte. Auch Jonas. Während um ihn herum fleißig durchgestrichen wurde, las er noch einmal ganz langsam Wort für Wort, was er in sein Heft geschrieben hatte: Ich finde gut, dass mein Papa so viel mit mir macht, dass er viel weiß, dass er mir hilft, dass er so tolle Ideen hat, dass er lieb zu Mama ist, dass er sich um uns kümmert, dass er Zeit hat …

Jonas war vorhin noch viel mehr eingefallen, doch so schnell konnte er das alles gar nicht aufschreiben. Aber das machte nichts, er wusste es ja trotzdem.

Und du weißt jetzt auch, warum er seinen Papa so lieb hat.

Danke!

Sind deine Eltern zufällig auch Geschäftsleute, so wie Julias
Eltern? Dann weißt du sicher auch, dass sie öfter mal verreisen
müssen. Wenn das bei Julias Eltern der Fall war, kam ihre Oma
zu Besuch. Julia fand das immer toll, denn sie mochte sie sehr.
Sie war zwar schon alt, aber das vergaß Julia oft. Denn ihre
Oma war noch so fit. Und vor allem war sie fröhlich.
Neulich nun, als Julias Eltern wieder einmal auf Geschäftsreise
waren, fiel Julia an ihrer Oma etwas auf, das sie vorher noch
nie bemerkt hatte.
Die beiden waren gerade in der Küche. Ihre Oma schälte Ge-
müse für das Mittagessen und Julia schaute ihr dabei zu.
„Die Kartoffeln reichen nicht", stellte ihre Oma fest. Die beiden
gingen in den Keller, um welche zu holen, und nahmen auch
gleich noch eine Tüte Mehl und Eier aus dem Vorratsregal
mit nach oben. Doch bevor ihre Oma die Kellertür hinter sich
zuzog, blieb sie stehen, schloss die Augen und bewegte stumm
die Lippen. Das Ganze dauerte nur einen kurzen Augenblick,
aber Julia war es trotzdem aufgefallen.
„Oma, was hast du da vorhin an der Kellertür gemacht?", fragte sie neugierig, als sie wieder in der Küche waren.
„Da habe ich mich bedankt", antwortete ihre Oma.
Julia runzelte die Stirn. „Bedankt?", wunderte sie sich.
„Ja", sagte ihre Oma. „Ich habe mich bei Gott dafür bedankt,

dass ich alles habe, was ich zum Leben brauche. Das ist doch nicht selbstverständlich, oder?!"

„Hm, eigentlich schon", meinte Julia. Sie war ja nichts anderes gewohnt.

„Nein, das ist es nicht!", widersprach ihre Oma. Und während sie die restlichen Kartoffeln schälte, begann sie zu erzählen:

„Als ich etwas jünger war als du jetzt, da war der große, schreckliche Krieg (Das war der Zweite Weltkrieg.) gerade erst ein paar Jahre vorbei. Es gab immer noch viele kaputte Häuser, kaum Fabriken und nur wenige Läden. Man konnte nicht einfach losgehen und einkaufen, was man wollte. Nein, eine Zeit lang bekam man sogar Lebensmittelmarken zugeteilt. Diese sahen aus wie Briefmarken. Wenn man sie in den Läden abgab, bekam man dafür Mehl, Brot oder Margarine. Aber immer nur an bestimmten Tagen und auch nur so viel, dass es gerade reichte."

Julias Oma seufzte. Sie holte einen Kochtopf aus dem Schrank und fuhr fort:

„An den Tagen, an denen die Lebensmittel ausgegeben wurden, kamen natürlich alle mit ihren Märkchen, und du kannst dir gar nicht vorstellen, wie lang die Warteschlange war. Oft musste man stundenlang anstehen, und wenn man endlich an der Reihe war, konnte es sein, dass es nicht mehr alles gab. Dann ging man ohne Mehl oder Brot wieder nach Hause. Aber unsere Mutter sorgte vor und schickte mich oder einen meiner Brüder schon um fünf Uhr morgens los, damit wir immer bei den Ersten dabei waren. Im Winter fand ich es besonders schlimm, so früh aufzustehen. Und manchmal musste ich trotzdem noch lange warten und kam zu spät zur Schule."

Die Oma schnippelte die Kartoffeln in den Kochtopf und erinnerte sich: „Die Einzigen, die reichlich zu essen hatten, waren die Bauern. Bei ihnen holten wir Kartoffeln und manchmal auch Eier. Die weiten Wege zu den Bauernhöfen mussten meine Brüder und ich zu Fuß laufen. Wir fragten bei den Bauern, ob wir die Kartoffeln aufsammeln durften, die nach der Ernte auf den Äckern liegen geblieben waren. Wenn man es uns erlaubte, na, da kannst du dir denken, dass wir dort nicht die Einzigen waren, die Kartoffeln sammeln wollten! Außer uns hatten ja auch noch andere wenig Geld und großen Hunger. Aber wir waren zu dritt – und wir waren flink!"

Julias Oma füllte Wasser in den Kochtopf und stellte ihn auf den Herd. Sie lächelte, als sie weitersprach: „Ein Bauer und dessen Frau, sie hießen Lemke, mochten uns gern. Wer weiß, vielleicht weil wir so flink und fleißig waren? Jedes Mal, wenn wir uns nach dem Einsammeln bei ihnen bedankten, durften wir noch ins Haus kommen. Oh, ich werde nie vergessen, wie

gut das tat, die kalten, schmutzigen Finger zu waschen und   33
über dem Küchenherd zu wärmen. Und dann, Julia, kam das
Allerbeste: Dann gab es für jeden von uns eine Scheibe Bauern-
brot mit dick Butter drauf!" Die Oma strahlte.
Dann erzählte sie weiter: „Später, als es schon wieder alles in
den Läden gab und mein Vater ausreichend Geld verdiente,
haben wir auch weiterhin unsere Kartoffeln bei den Lemkes ge-
holt. Und obwohl wir sie nicht mehr vom Acker einsammelten,
sondern fertig in Säcken abgefüllt bei ihnen kauften, bekamen
wir immer noch ein Butterbrot in der warmen Küche! Noch
heute habe ich diesen wunderbaren Geschmack auf der Zun-
ge, wenn ich an diese Zeit zurückdenke."
„Ach, du meine Güte!", rief Julias Oma plötzlich und schlug die
Hände zusammen. „Jetzt hab ich vor lauter Erzählen glatt vergessen, den Herd einzuschalten! Na, nun dauert es eben noch
ein Weilchen, bis die Kartoffeln gar sind."
„Das ist doch prima, Oma!", freute sich Julia. „Dann kannst du
weitererzählen und essen können wir nachher immer noch."
„Ja", lachte ihre Oma. „Uns geht es gut! Siehst du, und dafür
bedanke ich mich immer, ganz egal, wo ich bin – und sei es
unten im Keller!"

Freunde finden

Wann immer es ging, trafen sich Jonas und Moritz bei Sebastian. Und das hatte auch seinen Grund: Nirgendwo sonst konnte man so unheimlich gut spielen. Unheimlich im wahrsten Sinne des Wortes. Denn Sebastian wohnte direkt neben dem alten Friedhof am Stadtrand. Die Gräber dort wurden längst nicht mehr gepflegt, die Grabsteine standen krumm und schief, und manche waren sogar bereits zerfallen. Es kamen fast nie Leute hierher, und deshalb konnte man ungestört spielen. Manchmal waren die drei Freunde Ritter, und der runde Pavillon in der Mitte des Friedhofs, von dem alle Wege wegführten, war ihre „Burg". Manchmal kletterten sie auch auf die hohen Bäume, die zwischen den Gräbern standen, oder auf die große Statue. Doch am liebsten spielten sie Verstecken. Das ist ja ohnehin schon ein spannendes Spiel, aber jetzt stell dir das Ganze noch auf einem verlassenen Friedhof vor!

Eines Tages war Sebastian mit Suchen an der Reihe. „Eiiins … zweiii …", zählte er langsam und laut. Jonas und Moritz rannten los. Zwischen den vielen Grabsteinen suchten sie nach einem guten Versteck. Sie rannten hierhin und dorthin, konnten sich aber nicht entscheiden. Da hörten sie auch schon aus der Ferne: „Neuuun … zeeehn – ich komme!"

Schnell duckte sich Jonas hinter einen großen, mit Efeu bewachsenen Grabstein. Moritz lief an ihm vorbei und verkroch sich ein paar Meter weiter hinter einem Busch. Es war ganz still und düster, denn die Bäume ließen die Sonne kaum durch. Leise warteten die beiden in ihrem Versteck. Dann endlich hörten sie Schritte. Es waren langsame Schritte. Sebastian suchte nach ihnen. Die Schritte kamen näher und näher. Moritz drückte sich noch tiefer in das Gebüsch. „Ob er wohl Jonas zuerst entdeckt?", dachte er. NEIN! Die Schritte entfernten sich wieder. „Hihi!" Moritz kicherte vor Schadenfreude. Basti war doch glatt an ihnen vorbeigelaufen.

Vorsichtig lugte Moritz hinter den Zweigen hervor und – bekam einen Riesenschreck! Das war ja gar nicht Sebastian! Das war ein fremder Mann! Er ging langsam und leicht gebückt zwischen den Gräbern umher. Vor fast jedem Grabstein blieb er stehen und beugte sich weit nach vorne. Es sah aus, als ob er die Inschriften genau studierte. Geduckt und fast lautlos schlich Moritz zu seinem Freund Jonas und kauerte sich neben ihn.

Sein Herz schlug ihm bis zum Hals. „Hast du den gesehen?",
flüsterte er. „Was will der denn hier?"

Jonas machte ein ängstliches Gesicht. Er brachte keinen Ton
heraus und zog nur langsam die Schultern hoch.

„Wir warten hier, bis er weg ist!", wisperte Moritz. Doch kaum
hatte er den Satz zu Ende gesprochen, drehte sich der Mann
um und kam direkt auf sie zu. Sein Gesicht konnten sie nicht er-
kennen, denn er hielt den Kopf gesenkt. Ganz langsam kam er
ihrem Versteck immer näher. Jonas und Moritz hielten die Luft
an und waren wie gelähmt.

Da blickte der Mann plötzlich auf und sie konnten sein Gesicht
sehen: Es war ganz runzelig und braun gebrannt.

Moritz fand als Erster seine Sprache wieder und hauchte kaum
hörbar: „Glaubst du, er hat uns gesehen?"

„Nee!", antwortete Jonas im Flüsterton. „Der ist doch viel zu
sehr damit beschäftigt, sich die Grabsteine anzuschauen. Ich
glaube, er sucht hier etwas Bestimmtes."

„Sollen wir hingehen und ihn fragen?", wollte Moritz wissen.

Jonas überlegte: „Hm, warum nicht? Er sieht ja eigentlich ganz
normal aus. Nur ein wenig traurig. Irgendwie tut er mir leid."

Moritz zögerte noch ein wenig, dann nickte er und sagte leise:
„Okay, dann los!" Vorsichtig erhoben sich die beiden und kamen langsam hinter ihrem Versteck hervor. Sie gingen auf den
alten Mann zu, doch der bemerkte sie nicht einmal, da er sich
bereits zum nächsten Grabstein hinabgebeugt hatte.

„Hallo!", grüßte Jonas ihn ein wenig schüchtern.

Der Mann blickte erschrocken auf. „Nanu, wo kommt ihr denn her?", erkundigte er sich erstaunt.

Jonas und Moritz zeigten in die Richtung, aus der sie gekommen waren. „Von da!", antworteten sie wie aus einem Mund.

„Und was macht ihr hier?", fragte der Mann weiter.

„Das … äh … wollten wir eigentlich … Sie fragen", stammelte Moritz.

Der Mann blickte sie überrascht an und wollte gerade antworten, da kam Sebastian auf sie zugerannt und rief schon von Weitem: „Hey!"

Die drei drehten sich nach ihm um. Als er dann völlig außer Atem vor ihnen stand und mit offenem Mund und großen Augen von einem zum anderen schaute, mussten sie alle zusammen lachen.

„Und was tust *du* hier?", fragte ihn der Unbekannte.

„Ich wollte meine Freunde finden!", keuchte Basti.

Der Mann beugte sich zu Jonas und Moritz und sagte lachend: „Seht ihr, genau das mache ich hier auch: Ich suche meinen Freund!"

Jonas, Moritz und Basti schauten ihn ungläubig an. „Hier?", staunten sie.

„Ja", antwortete der Mann und begann zu erzählen: „Ihr müsst wissen, dass ich früher in dieser Stadt zu Hause war und einen Freund hatte, den allerbesten Freund überhaupt. Wir waren in derselben Schulklasse, im selben Sportverein und machten auch sonst alles zusammen. Als wir erwachsen wurden, ging ich weit fort und lebte im Ausland. Mein Freund blieb hier. Anfangs haben wir uns noch manchmal geschrieben, aber irgendwann hörte ich nichts mehr von ihm. Nun bin ich nach all den vielen Jahren zurückgekommen und musste leider erfahren, dass mein Freund schon vor langer Zeit gestorben ist."

Für einen Moment war es ganz still und alle schauten bedrückt zu Boden. Doch dann hob der alte Mann ruckartig den Kopf. Er sah die Jungs verschmitzt an und fuhr fort: „Ja, und nun mache ich hier dasselbe wie ihr: Ich will meinen Freund finden. Besser gesagt, sein Grab. Denn er wurde damals auf diesem Friedhof begraben."

Jonas, Moritz und Sebastian schauten sich an. Und du weißt ja, wie das bei richtig guten Freunden so ist: Sie haben oft die-

dieselbe Idee! Die drei boten dem Mann an, ihm bei der Suche nach dem Grab seines Freundes zu helfen.

„Ach, das ist nett von euch!", sagte er erleichtert und setzte sich auf eine morsche Bank. „Ihr kennt euch hier wohl gut aus?", erkundigte er sich.

„Ja", antwortete Sebastian, „wir spielen hier oft. Ich wohne nämlich gleich da drüben."

„Hm", überlegte der alte Mann. Dann zwinkerte er schelmisch und fragte: „Könnt ihr denn überhaupt schon lesen?"

„Na klar!", verkündeten die Jungs stolz und sausten los, um sich auf die Suche zu machen.

„Halt!", rief sie der Mann zurück.

Kannst du dir denken, warum?

„Ihr wisst doch noch gar nicht, wie mein Freund heißt! ‚Alfred Groß' muss auf dem Grabstein stehen."

Es fing schon langsam an zu dämmern, als die Jungs das Grab endlich entdeckten. Sie begleiteten den alten Mann dorthin und blieben bei ihm, solange er schweigend davorstand. Nach einer Weile räusperte er sich und sagte schmunzelnd: „Tja, ja, der Alfred … der hieß nicht nur Groß – der war auch groß! Wie eine lange Bohnenstange. Er brauchte bestimmt einen Sarg in XXL!"

Da prusteten die Jungs los und auch der alte Mann lachte laut. Und während sie ganz langsam zum Ausgang des Friedhofs schlenderten, erzählte er noch ein paar Geschichten von sei-

nem Freund und sich. „Wir haben viel erlebt und dabei auch etliche Dummheiten gemacht", meinte er zum Schluss. „Vor allem aber haben wir zusammengehalten und uns gegenseitig geholfen. Und das ist doch das Schönste an einer Freundschaft, dass man weiß, der andere ist da, wenn man ihn braucht. Findet ihr nicht auch?"
Die Jungs sahen sich an und antworten wie aus einem Mund: „Ja!"
Beim großen Eisentor blieben sie schließlich stehen.
„Ich danke euch sehr!", sagte der Mann, und kurz bevor sie auseinandergingen, fiel ihm noch etwas ein: „Wie heißt ihr eigentlich?" Als die drei ihm ihre Namen genannt hatten, schüttelte er jedem die Hand und stellte sich vor: „Ich heiße Leopold, aber ihr könnt gerne Leo zu mir sagen. So nennen mich nämlich meine Freunde, und das sind wir doch jetzt … nachdem wir uns hier alle gefunden haben!"

Mamas Mecker-Fasten

Mütter können manchmal etwas anstrengend sein, findest du das nicht auch?

Julia fand ihre Mama in letzter Zeit sogar ziemlich anstrengend. Sonst regte sie sich nur selten über etwas auf. Sie war zufrieden, geduldig, und was Julia am meisten an ihr mochte: Sie war immer so fröhlich. Doch jetzt war alles anders. Sie ärgerte sich ständig über irgendetwas, war oft unzufrieden und nichts konnte man ihr mehr recht machen.

„Julia, wie siehst du denn aus?!" – „Julia, du hast schon wieder deine Müslischüssel stehen lassen!" – „Julia, die Geschirrspülmaschine ist immer noch nicht ausgeräumt!" – „Julia, du könntest ruhig öfter mit dem Hund rausgehen!" – „JULIA!" … „JULIA!"
Oh, wie das nervte! Und wenn Julia dann bockig wurde und patzige Antworten gab, machte sie alles nur noch schlimmer.

Früher war Julia oft enttäuscht, wenn ihre Mama auch noch am Nachmittag ins Geschäft musste. Aber nun wäre es ihr beinahe lieber gewesen.

Dann kam nämlich ihre Oma vorbei oder sie durfte zu einer Freundin gehen und konnte den ganzen Ärger mit ihrer Mama für ein paar Stunden vergessen.
Doch wenn sie darüber nachdachte, fühlte sie sich nicht gut. Es war ein seltsames Gefühl. Ein bisschen wie Heimweh. Eben so, als ob ihr etwas fehlen würde. Und das tat es ja auch: Ihre Eltern waren oft nicht da. Und wenn sie daheim waren, war es einfach nicht mehr gemütlich. Vor allem war es nicht mehr so lustig wie früher, und das war das Schlimmste.
„Mir wird einfach alles zu viel!", seufzte Julias Mama immer öfter.

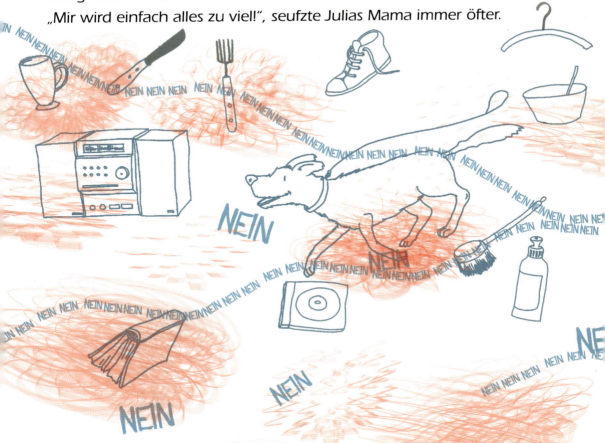

44   Und immer öfter betete Julia abends vor dem Einschlafen: „Bitte, lieber Gott, mach, dass für Mama wieder alles weniger wird! Und dass sie nicht mehr so viel meckert und wieder fröhlich ist!"

Dann kam der Aschermittwoch und alle Kommunionkinder durften mit der Religionslehrerin in die Kirche gehen. Jedes Kind bekam mit Asche ein Kreuz auf die Stirn gezeichnet. Das fand Julia aufregend, und sie achtete sehr darauf, dass ihr Pony das Kreuz nicht verwischte. Nach einer Weile wurde ihr der Gottesdienst zu langweilig. Sie zappelte ungeduldig mit den Beinen und wurde immer müder. „Hoffentlich dauert es nicht mehr so lange", flüsterte sie Anja zu. Ihre Freundin nickte. Julia gähnte, während der Pfarrer predigte.

Er sprach über die beginnende Fastenzeit, warum es sie gibt, wie lange sie dauert und wie man fasten kann.

„Es gibt viele Möglichkeiten zu fasten", sagte er. „Das müssen gar nicht immer Süßigkeiten sein, auf die man verzichtet. Nein! Man könnte zum Beispiel auch mal darauf verzichten, sich aus dem Staub zu machen, wenn man eigentlich helfen sollte. Oder man könnte darauf verzichten, Nein zu sagen, wenn die Mutter einen um etwas bittet."

Julia horchte auf. War etwa sie damit gemeint? Sagte sie in letzter Zeit nicht meistens Nein, wenn ihre Mama sie um etwas bat? Julia rutschte immer tiefer in ihre Bank. Sie dachte nach.

Doch plötzlich hörte sie den Pfarrer fragen: „Oder wie wäre es, mal 40 Tage lang darauf zu verzichten, an allem und jedem herumzunörgeln?"

Mit einem Ruck saß Julia wieder aufrecht und war hellwach. Das war es! Ja, das war es! Sie hatte eine Idee und vergaß darüber ganz den Pfarrer und seine Predigt.

Zu Hause zeigte sie ihrer Mama stolz ihr Aschekreuz auf der Stirn und erzählte beim Mittagessen vom Gottesdienst. Dabei platzte es aus ihr heraus: „Der Herr Pfarrer hat gesagt, dass

46 man auch ganz anders fasten kann. Zum Beispiel könnte man mal 40 Tage darauf verzichten, an allem und jedem herumzunörgeln!" Dabei sah sie zu ihrer Mama hinüber. Die richtete sich ruckartig auf und schaute Julia entsetzt an.

„Oje", dachte Julia, „jetzt ist sie sauer."

Doch ihre Mama sagte kein Wort. Sie ließ die Schultern hängen und sah gar nicht böse aus, sondern traurig. Tränen stiegen ihr in die Augen.

Schnell redete Julia weiter: „Aber weißt du, Mama, er hat auch noch gesagt, dass man mal darauf verzichten kann, immer Nein zu sagen, wenn die Mutter einen um etwas bittet. Oder lieber mal zu helfen, anstatt immer wegzulaufen."

Jetzt blickte ihre Mama auf. Sie lächelte Julia liebevoll an und sagte: „Ach, Julia, was ist nur los mit uns? Das muss wieder aufhören."

„Na, dann fangen wir doch am besten gleich an mit Aufhören", antwortete Julia fröhlich.

Da musste ihre Mama lachen. „Jawohl, das machen wir!", sagte sie bestimmt und wischte ihre Tränen weg. „Ab heute verzichte ich aufs Meckern."

„Und ich aufs Neinsagen!", rief Julia, während sie glücklich durch die Küche hüpfte.

Als ihr Papa an diesem Abend nach Hause kam, rannte Julia in den Flur und überfiel ihn an der Garderobe. Aufgeregt redete sie auf ihn ein: „Weißt du, was, ich war heute in der Kirche, und da haben wir alle ein Aschekreuz bekommen. Schau!" Sie streckte ihm ihre Stirn hin, auf der aber nur noch ein grauer Fleck zu sehen war. Den hatte sie vorhin beim Waschen extra ausgelassen.

Bevor ihr Papa überhaupt etwas dazu sagen konnte, plapperte sie schon weiter: „Und dann hat der Pfarrer über das Fasten gepredigt und was man da alles machen kann, und da hatte ich eine Idee, und die hab ich heute Mittag Mama erzählt, und jetzt fastet Mama! – Und ich auch!"

„Das finde ich prima!", meinte ihr Papa. „Und wie soll euer Fasten aussehen?"

Julias Mama wollte gerade antworten, da kam ihr Julia schon zuvor: „Mama macht Mecker-Fasten und ich mach Neinsagen-Fasten!"

„Aaaha", sagte ihr Papa und schaute die beiden fragend an. „Und wie geht das?"

Jetzt war Julias Mama schneller:
„Ganz einfach. Julia sagt nicht andauernd Nein, wenn man sie um etwas bittet, und ich meckere nicht mehr an allem und jedem herum."

„Das ist ja wunderbar!", rief Julias Papa fröhlich. „Vierzig Tage lang eine brave Tochter und eine zufriedene Frau!"

48 Dann dachte er einen Moment lang nach und strahlte plötzlich über das ganze Gesicht. „Soviel ich weiß, dauert die Fastenzeit genau sechseinhalb Wochen", sagte er. „Das sind ja dann sogar mehr als 40 Tage! Hach, wie schön!"

„Nee, nee!", unterbrach ihn Julia sofort. „Im Reliunterricht haben wir gelernt, dass die Sonntage nicht mitgezählt werden, und deshalb sind es eben doch nur 40 Tage!"

„Heißt das, dass ihr sonntags nicht fasten müsst und nach Herzenslust Nein sagen und meckern dürft?", erkundigte sich ihr Papa erschrocken.

Julia nickte heftig und antwortete: „Ja, weil das Feiertage sind!"

„Auweia!", stöhnte ihr Papa.

Als Julias Mama nun auch noch mit dröhnender Stimmer rief: „Hüte dich vor den Sonntagen!", prusteten alle drei los und lachten so laut und so ausgelassen wie schon lange nicht mehr. An diesem Abend konnte Julia vor lauter Glücklichsein nicht einschlafen.

Sie hörte aus dem Wohnzimmer ihre Mama lachen – und da war es wieder … dieses vertraute, heimelige Gefühl im Bauch, das sie schon so sehr vermisst hatte! Und auf einmal fielen ihr die Augen zu. Doch eines konnte sie gerade noch denken, bevor sie einschlief: „Danke, lieber Gott!"

Nun willst du sicher noch wissen, ob das mit dem Mecker-Fasten und dem Neinsagen-Fasten geklappt hat. Ja, das hat es.

Zumindest fast immer. Und wenn es mal danebenging, waren Julia und ihre Mama gnädig miteinander, und schon gelang es ihnen beim nächsten Mal wieder besser.

Was ich jetzt beinahe vergessen hätte: Julias Papa hat schließlich auch noch beim Fasten mitgemacht: Er verzichtete 40 Tage lang auf Überstunden und kam jeden Tag pünktlich nach Hause.

So erlebten die drei die fröhlichste Fastenzeit, die man sich vorstellen kann. Und weil es ihnen dabei so gut ging, fasteten sie nach Ostern einfach weiter.

Glück gehabt! – Gott sei Dank!

Manchmal kommt es vor, dass Kindergartenfreunde auch in der Schule Freunde bleiben. Bei Jonas, Sebastian und Moritz war das jedenfalls so. Sie gingen in dieselbe Klasse, spielten in einer Fußballmannschaft und unternahmen auch sonst sehr viel zusammen.

Wenn Sebastian einmal keine Zeit hatte, weil er zum Klavierunterricht musste, gingen Jonas und Moritz oft auf „ihren" Berg. Das war kein richtig steiler, so wie im Gebirge. Aber es war doch ein ziemlich hoher, bewaldeter Hügel.

Wenn man oben angekommen war, hatte man einen guten
Ausblick auf die umliegenden Wiesen, Felder und die Straße,
die sich durch die Landschaft schlängelte. Von einer Stelle aus
konnte man zwischen den Bäumen hindurch auf einen großen
Bauernhof hinabblicken.

Genau hier oben standen die beiden Jungs nun und überlegten sich, was sie heute tun wollten. Jonas schaute nachdenklich den Abhang hinunter. „Komisch, heute kann man den
Bauernhof viel besser sehen als sonst!", meinte er auf einmal
verwundert.

„Stimmt", rief Moritz. „Hier stehen gar nicht mehr so viele Bäume wie sonst! Die sind wohl gefällt worden!"

„Und auch gleich in Scheiben zersägt worden", lachte Jonas
und sprang mit einem Satz auf einen dicken Baumklotz.

Moritz machte sich an einem anderen zu schaffen. „Boah, ist
der schwer! Den kann man ja keinen Millimeter bewegen!",
stöhnte er.

Schon war sein Freund bei ihm. „Zu zweit schaffen wir's!", rief
Jonas und packte mit an. Sie stemmten sich mit aller Kraft gegen den Klotz, doch der bewegte sich wirklich keinen Millimeter von der Stelle.

„Komm, wir nehmen den da!", rief Moritz und zeigte auf einen anderen. Wieder schoben und drückten sie so fest sie konnten und stöhnten dabei so laut, als ob es um ihr Leben ginge. „Hau ruck!" und wieder „Hau ruck!" und noch mal und …! Auf einmal bewegte sich der Klotz tatsächlich. Sie hatten es geschafft, ihn für einen winzigen Moment aufzustellen. Doch bevor Jonas und Moritz überhaupt begriffen, was sie da vollbracht hatten, rollte der Holzklotz auch schon los! Sie waren so überrascht, dass ihnen keine Zeit mehr blieb, ihn aufzuhalten. Wie ein riesiges Holzrad bewegte er sich den Abhang hinunter. Zuerst langsam, dann schneller und immer schneller. Er rumpelte über Äste und Steine, gewann immer mehr an Fahrt und sauste nur so zwischen den Bäumen hindurch – geradewegs auf den Bauernhof zu! Jonas und Moritz waren vor Schreck wie gelähmt.

Sie konnten dem Ungetüm nur noch untätig hinterherschauen 53
und eigentlich nicht einmal mehr das.

Denn als der Klotz direkt auf die Scheune zusteuerte, schlossen
sie ihre Augen. Jetzt bloß nicht hingucken! Sie hielten sich die
Ohren zu und den Atem an! Oh neiiin! Hilfe …! Lieber Gott …!
Bitte …! Nicht …!

Nanu? Kein fürchterliches Krachen? Kein Lärm?

Es war ganz still. Unheimlich still! Die beiden blinzelten vorsichtig in Richtung Bauernhof und – trauten ihren Augen nicht!
Da lag der Klotz auf der Wiese vor der Scheune. So, als ob er
schon immer dort gelegen hätte!

„Puuh, da haben wir aber Glück gehabt!", seufzte Moritz und
ließ sich erleichtert auf einen Baumstamm plumpsen. Doch nur
für einen kurzen Augenblick. Denn plötzlich trat der Bauer vor
die Tür. Er ging zur Scheune hinüber, sah den Holzklotz dort
liegen und blieb ruckartig stehen.

„Versteck dich!", raunte Moritz. Er sprang blitzschnell hinter
einen Busch und zog Jonas mit sich. Die beiden duckten sich
und trauten sich kaum noch zu atmen. Durch die Zweige hindurch konnten sie beobachten, wie der Bauer aufmerksam und
ganz langsam den Hang mit seinen Augen absuchte. Nach
einer Weile drehte er sich jedoch um und verschwand in der
Scheune.

„Uff!", stöhnte Jonas.
„Los! Komm! Wir hauen lieber ab!", sagte Moritz.
„Warte!" Jonas zögerte und blieb stehen. „Wir sollten lieber hingehen und sagen, dass wir das waren."
„Bist du verrückt?", fragte Moritz und schaute seinen Freund entsetzt an.
Jonas schüttelte den Kopf und flüsterte: „Weißt du, Moritz, als der Klotz vorhin den Hang runterdonnerte, da hab ich gebetet, dass er nirgends dagegenkrachen soll. Und wie ein Wunder ist auch wirklich nichts passiert."

Moritz überlegte. „Hm, meinst du, Gott war das?"   55

„Ich glaube schon", antwortete Jonas. „Und deshalb will ich
mich jetzt bei ihm bedanken."

„Das kannst du doch", meinte Moritz ungeduldig. „Sag einfach
‚Gott sei Dank!' – und dann nix wie weg hier!"

„Nein!", widersprach Jonas. „Ich gehe jetzt zu dem Bauern! Es
war ja keine böse Absicht. Das kann ich ihm doch sagen."

„Also gut, meinetwegen", brummelte Moritz. Er wollte nicht
feige sein und seinen Freund alleinlassen. Aber ganz wohl war
ihm nicht, als sie den Abhang hinabkletterten.

Sie liefen über die Wiese bis zu dem Baumklotz. Dort blieben sie
stehen, schauten ihn sich noch einmal an und mussten daran
denken, was er alles hätte anrichten können.

„Na, ihr beiden, was sucht ihr denn hier?", hörten sie plötzlich
eine Stimme hinter sich.

Sie zuckten erschrocken zusammen. Der Bauer kam jetzt direkt
auf sie zu. Moritz stellte sich schüchtern hinter Jonas.

„Wir … ähm … wir … müssen Ihnen was sagen!", stammelte
Jonas und vergaß vor lauter Aufregung zu grüßen. Und dann
sprudelte es auch schon aus ihm heraus.

Der Bauer machte ein finsteres Gesicht.

„Auweh …", dachte Moritz und wünschte, sie wären doch
lieber weggelaufen!

Inzwischen war Jonas fertig mit seiner Geschichte. Er holte tief
Luft und sagte erleichtert: „So! Jetzt ist es raus!"

„Und das ist auch gut so", meinte der Bauer und sah ganz
und gar nicht mehr finster aus. „Gott sei Dank! Ihr habt Glück
gehabt und es ist kein Schaden entstanden. Dass ihr trotzdem
gekommen seid und so ehrlich wart, das rechne ich euch hoch
an!"
Dann bückte er sich, klopfte auf den Baumklotz und sagte dabei lachend: „Na, und jetzt, wo der erste schon mal hier unten
ist, werde ich die anderen wohl auch bald holen. Aber ihr lasst
in Zukunft besser die Hände davon!"
Und das kannst du glauben, die beiden brachten nie mehr
einen Holzklotz ins Rollen. Denn wer weiß, ob Gott ihn noch
einmal rechtzeitig anhalten würde …!

Blumen für Frau Abob

Habe ich dir schon erzählt, dass es in Julias Familie auch eine Hundedame gab? Sie hieß Loba und war groß und schwarz. Julias Mama ging oft mit ihr spazieren und manchmal ging Julia mit. Aber nur wenn es unbedingt sein musste, so wie an diesem Tag.

„Kommst du?", rief Julias Mama fröhlich von unten. Sie wartete mit Loba an der Haustür.

„Ja, gleiiich!", tönte es ziemlich genervt von oben.

Julia hatte nämlich gar keine Lust, ihre Mama heute auf ihrer „Hunderunde" zu begleiten. Aber als sie sie neulich zum Bus gefahren hatte, weil sie ihn sonst verpasst hätte, da hatte sie es ihr fest versprochen. Und: „Was man verspricht …!"

„Ich freu mich, dass du mitgehst!", sagte ihre Mama und streckte ihr ihre Hand entgegen.

„Ist schon okay!", murmelte Julia und ergriff sie. Aber nur die paar Meter bis zur Hauptstraße. Dort ließ sie die Hand schnell wieder los.

„Wenn das jemand sieht!", dachte sie. Gemeinsam mit Mama Gassi gehen – ja! Aber an Mamas Hand – nein! Das war ihr dann doch zu peinlich.
Im Park der Seniorenwohnanlage blieben die drei kurz stehen. Hier musste Loba „Hundenachrichten lesen". So nannte es ihr Papa, wenn Loba alles gründlich beschnupperte.
Ihre Mama schaute zu dem Häuserblock hinüber.
„Frau Jakob liegt seit Kurzem im Krankenhaus", sagte sie. „Morgen gehe ich sie wieder besuchen."

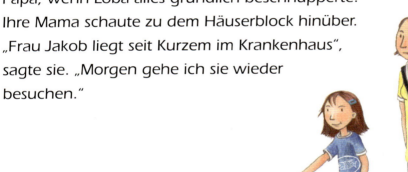

Julia kannte Frau Jakob gut. Sie hatte einmal in derselben Straße wie sie gewohnt. Ganz oben an der Ecke, in dem Haus mit dem großen Garten. Vor ein paar Jahren zog Frau Jakob dann aber aus. „Für ein großes Haus und einen großen Garten bin ich jetzt zu alt. Aber für eine kleine Wohnung und einen kleinen Balkon bin ich gerade noch jung genug!", hatte sie beim Abschied augenzwinkernd gesagt. Seitdem wohnte Frau Jakob hier in dieser Wohnanlage und ihre Mama besuchte sie regelmäßig. Am Anfang ging Julia noch öfter mit. Aber jetzt hatte sie dazu eigentlich keine Zeit mehr … und irgendwie auch keine Lust.

Sie gingen langsam und schweigend weiter. Auf einmal schmunzelte ihre Mama. „Weißt du noch, dass du als kleines Kind immer ‚Frau Abob' zu ihr gesagt hast?", fragte sie.

„Nee", antwortete Julia und beide mussten kichern. „Aber ich weiß noch, dass sie mir oft Obst geschenkt hat, wenn ich vorbeigelaufen bin. Und die Äpfel hat sie mit ihrer Schürze blank poliert!" Und nun erinnerte sich Julia auch wieder daran, wie gemütlich es bei Frau Jakob immer gewesen war, wenn es draußen regnete oder schneite, wie lecker ihre heiße Schokolade schmeckte und wie gut sie zuhören konnte.

„Eigentlich schade, dass Frau Jakob nicht mehr in unserer Straße wohnt!", meinte sie schließlich.

„Das finde ich auch", sagte ihre Mama. „Und jetzt ist sie meistens allein und hat fast nur alte Menschen um sich herum.

Sie erkundigt sich so oft nach dir. Ich glaube fast, sie vermisst dich ein wenig. Sag, hättest du nicht Lust, mich mal wieder zu ihr zu begleiten?"

„Doooch …", brummelte Julia leise mit gesenktem Kopf.

Und schon hakte ihre Mama weiter nach: „Wie wär's gleich morgen? Mittwochs hast du ja früher Schule aus!"

„Morgen schon …?" Julia machte ein finsteres Gesicht und schüttelte heftig den Kopf.

Doch ihre Mama gab so schnell nicht auf: „Du könntest vor dem Mittagessen noch deine Hausaufgagen machen und dann gehen wir zusammen zu Frau Jakob ins Krankenhaus. Das wäre eine Riesenüberraschung für sie. Und es täte ihr bestimmt gut, denn sie bekommt kaum Besuch. Na, was sagst du?"

Das ging Julia nun wirklich zu schnell. „Nee! Morgen nicht!", murrte sie. Ihre Mama holte tief Luft, aber sie sagte nichts mehr. Sie wusste, dass es jetzt besser war, ihre Tochter nicht weiter zu bedrängen.

Aber kannst du dir vorstellen, dass sich Julia auf einmal nicht mehr so wohlfühlte?

Am Waldrand hinter den Tennisplätzen entdeckte ihre Mama die ersten Wildblumen. Julia begann sofort, ein paar davon zu pflücken.

„Nur schade, dass sie immer so schnell verblühen!", meinte ihre Mama.

Aber Julia freute sich über ihren kleinen Frühlingsstrauß.

Sie liefen weiter. Ihre Mama fragte dies und das und sie redeten über den Reiterhof, die Kommuniongruppe, Julias Freunde …, und als sie schon fast zu Hause waren, überlegten sie gerade, was es morgen zum Mittagessen geben könnte.

Morgen …! Wenn Mama zu Frau Jakob ging! Und da war es wieder! Dieses komische Gefühl in ihrem Bauch! Julia spürte ihr schlechtes Gewissen. Sie schaute nachdenklich auf die Blumen, die sie in der Hand hielt.

„Das war eine schöne Mutter-Tochter-Hunde-Runde!", rief ihre
Mama und legte Julia lachend den Arm um die Schultern. Als
sie zu Hause waren, holte Julia gleich eine kleine Vase für die
Blumen. Während sie sie hineinstellte, lächelte sie gedanken-
verloren vor sich hin. Dann verschwand sie mit der Vase still
und heimlich in ihr Zimmer.
Am nächsten Tag räumte Julia nach dem Mittagessen den Tisch
alleine ab. Ihre Mama suchte inzwischen alles für ihren Kran-
kenhausbesuch zusammen: Obst, Orangensaft und eine kleine
Tüte Pralinen.
„Hm, hab ich jetzt alles?", überlegte sie laut.
„Nein!", rief Julia.
„Wieso …? Was fehlt denn noch?",
fragte ihre Mama überrascht.
Aber da rannte Julia schon nach
oben. Im nächsten Augenblick war
sie mit einem selbst gemalten Blu-
menbild zurück, und ohne auch
nur ein Wort zu sagen, legte sie es
zu den andern Sachen.
„JULIA!", rief ihre Mama begeistert.
„Dreh es mal um!", sagte Julia und
zappelte ungeduldig.

64   Ihre Mama drehte das Bild um. Da stand in großen, bunten
     Buchstaben: GUTE BESSERUNG!
     Und darunter in schöner Tintenschrift:

Liebe Frau Jakob!
Wenn Sie wieder zu Hause sind, komme ich Sie besuchen.
In das Krankenhaus mag ich nicht, weil es da
so komisch riecht.
Also werde schnell wieder gesund!

                                      Deine Julia

„Oh, mein Julchen!", jubelte da ihre Mama und drückte ihre
Tochter liebevoll an sich. Dann schaute sie auf die Uhr. „Jetzt
muss ich aber los. Ich freu mich schon, Frau Jakob dein Bild zu
geben!"
Als sie vom Krankenhaus zurückkam, malte Julia in der Abend-
sonne vor dem Haus mit Straßenkreiden. Ihre Mama kniete sich
neben sie und erzählte, wie sehr sich Frau Jakob über das Bild
gefreut hatte.
„Ich soll dich lieb grüßen", sagte sie, „und dir ausrichten, dass
sie jetzt ganz schnell wieder gesund werden will! Und weißt
du, was, Julia, das wird sie auch. Ihre Stimme klang nämlich
genauso fest und fröhlich wie früher."

Julia strahlte und plötzlich hatte sie wieder so ein Gefühl im
Bauch. Doch dieses Mal war es anders. Dieses Gefühl kennst
du bestimmt auch. Das war so schön und so stark, dass es einfach aus ihr herausplatzte: „Juhu! Ich freu mich auf Frau Abob!"

Papas Panda

Weil Jonas' Mama seit ein paar Wochen wieder vormittags zur Arbeit ging, brauchten sie jetzt zwei Autos. Ein „verlässliches" – wie sein Papa es nannte –, das war für seine Mama. Und eines … na ja, Jonas wusste auch nicht so recht, ob man es überhaupt Auto nennen konnte. Gut, es hatte vier Räder und zwei Türen, aber es war so klein, dass nur drei Leute darin sitzen konnten. Und wenn sein Papa drinsaß, hatte hinten nur noch einer Platz. Das Auto war außerdem so laut, dass man es lange schon hörte, bevor es überhaupt zu sehen war. Im Autohaus konnte man dieses Modell auch gar nicht mehr kaufen. Jonas' Papa hatte es von einem Kollegen „fast geschenkt" bekommen, und es machte ihm wirklich Freude, damit zu fahren.
„Nichts gegen meinen Panda!", verkündete er jedem stolz.
Aber Jonas hatte was gegen den Panda. Er schämte sich, weil sein Vater so eine alte, klapprige Karre fuhr! Deshalb wollte er auch lieber in einer Seitenstraße und nicht direkt vor der Schule aussteigen, wenn sein Papa ihn mal mitnahm. Papas Panda zwischen all den tollen, großen Autos, mit denen die anderen gebracht wurden … NIEMALS!

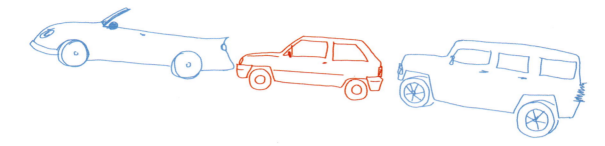

Ja, und vorgestern ist es dann doch passiert: Alle hatten verschlafen! Ausgerechnet an dem Tag, an dem gleich in der ersten Stunde eine Mathearbeit geschrieben werden sollte. Sein Papa holte aus seinem Panda das Letzte heraus, damit Jonas noch rechtzeitig zur Schule kam, und in seinem Eifer hielt er nicht in der Seitenstraße, sondern direkt vor der Schule! Jonas hatte Glück, dass er es gerade noch rechtzeitig ins Klassenzimmer schaffte, bevor Herr Sommer reinkam. Weniger gut war jedoch, dass Olli auch spät dran war und ihn in dem Panda gesehen hatte. Ausgerechnet Olli! Dessen Eltern waren so reich, dass er wirklich alles hatte, was man sich nur wünschen konnte.

„Vor allem hat er eine große Klappe!", fanden seine Freunde Basti und Moritz, wenn Olli beim Training mal wieder mit

einem neuen Fußballtrikot oder etwas anderem prahlte und sich wichtigmachte.

In der kleinen Pause redeten natürlich alle über die Mathearbeit. Doch in der großen Pause, kaum dass Olli Jonas gesehen hatte, brüllte dieser auch schon los: „Hey, Jonas! Ich dachte, ihr habt gar kein Auto, weil du immer mit dem Fahrrad fährst. Aber ihr habt ja doch eins – und WAS für eins!"

Alle drehten sich neugierig zu Jonas um. Er spürte, wie die Hitze in ihm hochstieg und er langsam rot wurde.

„Wo hat dein Vater denn DIE Schrottkiste gekauft – doch nicht etwa bei Daimler?", lästerte Olli lauthals weiter und wurde sofort mit grölendem Gelächter belohnt.

Nur Basti und Moritz lachten nicht. Sie schauten Jonas erwartungsvoll an. Der kochte vor Wut. Aber er kannte Olli. Jetzt bloß nicht zeigen, dass er wütend war, sonst würde Olli immer weitermachen. Und er hatte ja recht: Es war eine Schrottkiste!

„Nee, Olli!", sagte Jonas darum so ruhig, wie er nur konnte. „So was gibt's nicht bei Daimler! So was findet man im Sperrmüll!" Nun waren die Lacher auf seiner Seite. Damit hatte Olli nicht gerechnet. Er schnappte nach Luft und drehte sich mit einem trotzigen „Pah!" um.

Jonas atmete tief durch und biss kräftig in sein Pausenbrot. Das hatte gut getan! Aber er war immer noch stinkwütend, auf Olli, auf den Panda und auf Papa!

Das sagte er ihm beim Abendessen dann auch, und da wurde sein Papa sehr nachdenklich.

Dann kam Jonas' Geburtstag. Fast alle aus seiner Fußballmannschaft waren gekommen. Auch Olli. Den wollte er eigentlich gar nicht einladen, aber sein Papa hatte darauf bestanden. Als Jonas gerade dabei war, die Geschenke auszupacken, hörte er draußen Papas Panda. Das war die nächste Geburtstagsüberraschung: Sein Papa hatte sich freigenommen! Und er hatte viele alte Hemden mitgebracht, die er nun verteilte. Jeder musste ein Hemd anziehen.
Nicht nur Jonas runzelte die Stirn. „Was soll denn das?", fragte er. „Überraschung!", antwortete sein Papa geheimnisvoll und schickte die Jungs in ihren großen Hemden hinter das Haus. Dort parkte der Panda blitzsauber, denn er war gerade frisch aus der Waschstraße gekommen. Daneben standen Farbtöpfe und Pinsel, und das Abzeichen ihres Vereins klebte als große Farbkopie am Garagentor.

Alle schauten sich fragend an.

„Nun legt mal los!", lachte Jonas' Papa. „Mein Panda hätte gern ein neues Outfit!"

Da begriffen sie: Sie durften den Panda bemalen! Und das ließen sie sich nicht zweimal sagen! Auf den Türen, der Kühlerhaube, ja sogar auf dem Dach prangte nach einiger Zeit groß und bunt das Vereinswappen ihrer Fußballmannschaft. Und dann schrieb jeder noch seinen Namen dazu. Der Wagen sah jetzt einfach toll aus!

„Hey, das ist jetzt unser Glücksbringer!", rief Moritz begeistert. Ja, und so kam es, dass an diesem Abend der Panda von Jonas' Papa ziemlich oft fahren musste. Denn eines war klar,

jeder wollte mit dem neuen Glücksbringer nach Hause gebracht werden.

„Und Olli?", willst du bestimmt wissen. Der hatte sich so gefreut, dass Jonas ihn trotz ihres Streits bei seiner Party dabeihaben wollte, dass er sich gleich zweimal bei ihm entschuldigte. Einmal vor dem Geburtstag und dann gleich noch mal, als er ihm sein Geschenk überreichte: ein absolut cooles Fußball-T-Shirt.

Den Geburtstag fanden alle richtig super. Vor allem aber Jonas. Und von dem Tag an konnte sein Papa ihm keine größere Freude machen, als ihn in der Schrottkiste zur Schule zu fahren und direkt davor zu halten!

Worauf es ankommt

Von einer außergewöhnlichen Kommuniongruppenstunde und ihren Folgen will ich dir unbedingt noch erzählen.
Auf diese Nachmittage, an denen sich die Gruppe traf, freute sich Julia sowieso immer. Doch nun, nach den Osterferien, konnte sie es kaum noch erwarten. Was ihre Gruppenleiterin wohl heute mit ihnen unternehmen würde?
Als Julia am Nachmittag bei Frau Blums Haus ankam, empfing diese sie nicht wie gewohnt an der Haustür, sondern schon im Garten. Dort sah Julia auch sofort das breite orangefarbene Band. Es war zwischen zwei Bäume gespannt, etwa sechs Meter lang und hing knapp einen halben Meter über dem Rasen.
„Wow! Eine Slackline!", rief Julia begeistert.
„Richtig! Genau so nennt man dieses Band", bestätigte Frau Blum. „Wer von euch ist denn schon einmal auf solch einer Slackline balanciert?", fragte sie und schaute in die Runde.
„Ich! Im Urlaub", rief Julia.
„Ich auch, auf unserem letzten Pfadfindercamp", meldete sich Jonas.
Anja und Sebastian kannten es noch nicht, und deshalb durften sie auch den Anfang machen. Anja war die Erste. Vorsichtig setzte sie einen Fuß auf das Band.

Doch gerade als sie den anderen Fuß nachziehen wollte, geriet die Slackline so sehr ins Schwingen, dass sie sich nicht mehr halten konnte und herunterfiel.
„Versuch es gleich noch einmal", machte ihr Frau Blum Mut. Und das tat Anja.

74

Diesmal schaffte sie es und kam mit beiden Füßen auf der Slackline zu stehen. Doch wieder konnte sie die Balance nicht halten. Sie schwankte hin und her, fuchtelte wild mit den Armen und … sprang schnell herab. Nun kam Sebastian an die Reihe. Ihm erging es nicht besser. Eben noch auf dem Band, war er im nächsten Moment auch schon wieder unten. Sogar Jonas und Julia hatten Schwierigkeiten, obwohl sie es schon einmal ausprobiert hatten.

„Manno, ist das schwer!", stöhnte Sebastian.

„Nur so lange, bis ihr wisst, worauf es ankommt", meinte Frau Blum. „Und das will ich euch jetzt verraten!"

Schwupp! – Mit einem Satz sprang sie auf die Slackline. Sie balancierte kurz aus und ging dann langsam Schritt für Schritt über das schaukelnde Band. Dabei erklärte sie mit ruhiger Stimme: „Wenn ihr hier oben steht, dürft ihr nicht nach links oder rechts schauen. Blickt auf den Weg vor euch. Setzt achtsam einen Fuß vor den anderen. Und wenn ihr schwankt, habt keine Angst. Stellt euch einfach vor, Jesus geht mit euch. Ihr könnt euch jederzeit an ihm festhalten. Atmet langsam und ruhig und dann wagt den nächsten Schritt."

Die Kinder hörten ihr staunend zu und trauten ihren Augen nicht. IHRE Frau Blum konnte auf einer Slackline gehen!

„Aber was ist, wenn ich runterfalle? Dann hat mich Jesus doch nicht gehalten!", meinte Jonas. Er sah ungläubig zu Frau Blum hoch. Sie lächelte, sagte aber nichts. Sie wendete auf der Slack-

75

line, machte schnell ein paar kleine Schritte, verlor den Halt und sprang herunter. Aber ohne zu zögern, stieg sie sofort wieder auf das Band.
„Auch wenn ich hinfalle, ist er bei mir. Er hilft mir beim Aufstehen und ist da, wenn ich wieder von Neuem beginne", erklärte sie.
„Aber warum hilft er mir denn nicht gleich, sodass ich erst gar nicht hinfallen muss?", fragte Julia etwas ungeduldig.
„Weil Jesus kein Zauberer ist, der sagt: ‚Hokuspokus, dir passiert nichts, weil ich da bin'", antwortete Frau Blum. „Jesus ist dein Begleiter. Er sagt: ‚Was dir auch passiert, ich bin da.' – Und darauf kommt es an!"

Jetzt wurden die Kinder nachdenklich und einen Augenblick lang hörte man nur noch das Zwitschern der Vögel. Dann zeigte Frau Blum auf die Slackline und rief: „So, nun wollen wir aber weiterüben!"

Der Reihe nach versuchte es wieder einer nach dem anderen. Es dauerte gar nicht lange, da gelang es allen, sich auf der Slackline zu halten, ohne gleich wieder herunterzufallen. Sie wagten die ersten Schritte, blieben stehen, gingen weiter und … fielen herunter. Bei alledem konnte man genau sehen, wie sie sich an das erinnerten, was Frau Blum ihnen zuvor gesagt hatte. Egal, wie oft sie scheiterten, sie versuchten es immer wieder. Sie jubelten, wenn es klappte, und sie lachten und schimpften, wenn es danebenging. Doch keiner machte sich über den anderen lustig.

So verging die Zeit wie im Flug, und als die Stunde zu Ende war, riefen alle enttäuscht: „Och, schaaade!" Und sie bettelten: „Bitte, bitte, können wir nicht noch länger bleiben?"

Frau Blum lachte und schüttelte den Kopf. „Nein, das geht leider nicht, weil sich eure Eltern sonst Sorgen machen würden. Aber die Slackline bleibt hier noch länger und sie darf gerne täglich benutzt werden. Egal, ob ich da bin oder nicht!"

Als Frau Blum am nächsten Nachmittag vom Einkaufen nach Hause kam, war Julia im Garten. Sie übte ganz versunken auf der Slackline. Frau Blum blieb stehen. Sie sagte nichts, um Julia nicht zu erschrecken, und schaute ihr still zu. Vorsichtig setzte

Julia einen Fuß vor den anderen. Erst nach einigen Schritten bemerkte sie Frau Blum. Sie winkte, verlor das Gleichgewicht und sprang ab.

„Hallo, Julia, übst du schon länger hier so ganz alleine?", rief Frau Blum.

„Ja", antwortete Julia, „schon eine ganze Weile." Dann lächelte sie verschmitzt und fügte hinzu: „Aber nicht alleine. Er war die ganze Zeit dabei!"

Frau Blum schmunzelte und sagte: „Das ist schön. Ich will euch auch gar nicht stören. Übt ruhig weiter, so lange und so oft ihr wollt!"

An den darauffolgenden Tagen hatte Frau Blum nachmittags noch öfter Besuch in ihrem Garten. Nicht nur von Julia. Auch die anderen kamen zum Üben. Und keiner von ihnen war je ganz alleine.

Lach nicht, Jesus!

Seit Jonas zur Schule ging, machten sein Papa und er einmal im Jahr einen Ausflug. Nicht mit dem Auto, auch nicht mit dem Fahrrad – sondern zu Fuß. Zwei Tage und eine Nacht hatte er seinen Papa dann ganz für sich alleine.

Und nun war es endlich wieder so weit!

Die beiden waren schon früh am Morgen aufgebrochen. Ihre Rucksäcke hatten sie schon am Abend zuvor gepackt, und obwohl sie nur das Nötigste dabeihatten, kam es Jonas so vor, als ob seiner schwerer war als die beiden Jahre zuvor.

Das Wetter war ideal für eine Wanderung, denn es war kein Regen in Sicht und nicht zu heiß, aber warm genug, um nachts unter freiem Himmel zu schlafen. Das war für Jonas sowieso das Beste an der ganzen Sache: einen geeigneten Schlafplatz suchen, ein Lagerfeuer machen, Abendessen kochen, bis spät in die Nacht gemütlich am Feuer sitzen und später im Schlafsack so lange in den Sternenhimmel schauen, bis einem die Augen zufielen. Doch bis dahin hatten sie noch einen langen Weg vor sich.

Nachdem sie einige Zeit auf kleineren Nebenstraßen und Feldwegen gewandert waren, kamen sie am Nachmittag zu einem großen Wald. Der kühle Schatten tat ihnen gut und auf dem weichen Waldboden ging es sich viel angenehmer als auf Asphalt oder Schotter. Jonas' Füße schmerzten trotzdem.

Er hatte bei der letzten Rast Stiefel und Socken ausgezogen. „Mach das lieber nicht!", hatte sein Papa ihm geraten, doch Jonas wollte nicht hören. Tja, und nun waren wohl entweder seine Füße gewachsen oder seine Stiefel geschrumpft.
„Was ist los, Jonas?", fragte ihn sein Papa, der immer öfter auf ihn warten musste. Aber Jonas antwortete nicht. Dann hätte er ja zugeben müssen, dass er vorhin besser auf seinen Papa gehört und die Stiefel angelassen hätte.

Irgendwie war ihm plötzlich alles zu viel: Der Weg war ihm zu anstrengend, weil es ständig bergauf ging, ihm war heiß und der Rucksack zu schwer, Durst hatte er auch und zum Wandern keine Lust mehr, und überhaupt wäre er jetzt am liebsten zu Hause. Jonas tat sich sehr leid. Und je größer sein Selbstmitleid wurde, umso kleiner wurden seine Schritte.

So trottete er eine Weile missmutig mit gesenktem Kopf hinter seinem Papa her. Der Abstand zwischen den beiden wurde immer größer. Auf einmal drehte sich sein Papa ruckartig zu ihm um und blieb stehen.

„Der Weg ist so steil, der Rucksack zu schwer und die Füße tun weh – stimmt's?", fragte er und gab seinem Sohn einen liebevollen Stups in die Seite.

Jonas schaute weiter zu Boden. Er schmollte und zog wortlos die Schultern hoch, als ob er sagen wollte: „Ich weiß nicht."

„Komm, du kannst es ruhig zugeben", sagte sein Papa lachend und knuffte ihn noch einmal. Jetzt blickte Jonas ihn wütend an, drehte sich von ihm weg und fauchte: „Lach nicht!"

„Ich lache doch nicht über dich, Jonas! Ich lache FÜR dich!", rief sein Papa. Er ging vor Jonas in die Hocke und nahm seine Hände. „Ich glaube, ich weiß, wie du dich gerade fühlst", sagte er mit ruhiger Stimme. „Und ich weiß auch, dass dir jetzt nicht zum Lachen zumute ist.

„Nee, wirklich nicht!", brummte Jonas bockig und zog seine Hände wieder weg.

„Hm, das Leben ist wirklich hart", meinte sein Papa mit ernsthafter Miene. „Zuerst muss man mit einem schweren Rucksack so lange in der Gegend rumlaufen, bis einem die Füße wehtun. Danach muss man auch noch ein Feuer machen und sein Essen selbst kochen. Dann hat man keine Dusche, ja nicht mal ein Bett, sondern muss draußen schlafen, und das alles auch noch bei herrlichstem Wetter! Jonas, du hast recht, das ist wirklich alles andere als zum Lachen!"

Die beiden schauten sich finster an. Sie sagten nichts, und jeder bemühte sich krampfhaft, dem Blick des anderen standzuhalten. „Nicht lachen!", sagte Jonas zu sich selbst, konnte aber schon im nächsten Moment nicht mehr an sich halten. Das Lachen platzte regelrecht aus ihm heraus. Stürmisch und übermütig vor Erleichterung umklammerte er seinen Papa. Da dieser noch immer vor ihm hockte, verlor er das Gleichgewicht und beide purzelten zu Boden. Da lagen sie nun also lachend nebeneinander auf dem Waldweg, und wenn ihre Rucksäcke nicht so sehr gedrückt hätten, wären sie wohl auch noch eine ganze Weile so liegen geblieben.

82 Es tat einfach gut, nur in die Baumwipfel zu gucken und zu lachen.

Nach ein paar Minuten standen sie dann aber doch wieder auf, und nachdem sie etwas getrunken hatten, gingen sie weiter. Und seltsamerweise war Jonas' Rucksack nun gar nicht mehr so schwer und auch seine Füße taten ihm nicht mehr so weh.

„Ich glaube, ich habe mich leicht gelacht", rief er und hüpfte ein paar Schritte. Sein Papa lächelte.

Als sie aus dem Wald heraustraten, stand die Sonne schon tief. Ihr warmes Abendlicht schien auf die hügeligen Wiesen vor ihnen, durch die sich ein schmaler Bach schlängelte, der wie ein silbernes Band glänzte. Ganz in der Nähe stand eine kleine Baumgruppe, bei der sie nun ihren Lagerplatz aufbauten.

Sie stellten ihre Rucksäcke ab und Jonas' Papa sagte zufrieden: „Na, besser geht es doch gar nicht. Ein paar Bäume und Büsche als Schutz vor Wind und Regen und dazu auch gleich noch fließend Wasser!"

In Jonas' Bauch kribbelte es vor Freude, denn nun kam ja der schönste Teil des Tages. Sie suchten ein paar Steine für die Feuerstelle und machten aus trockenen Zweigen ein kleines Feuer. Jonas' Papa holte alles, was sie zum Abendessen brauchten, aus seinem Rucksack: Würste zum Grillen, Ketchup, Gabeln, eine große Dose mit Mamas leckerem Kartoffelsalat und zum Nachtisch für jeden ein großes Stück Wassermelone.

Jonas spitzte mit seinem Taschenmesser vorsichtig zwei dünne

Äste an und spießte die Würste auf. Inzwischen war die Sonne untergegangen und mit der Dämmerung wurde es etwas kühler. Die beiden setzten sich ans Feuer und grillten ihre Würstchen. Jetzt erst bemerkte Jonas, was für einen Riesenhunger er hatte, und es schmeckte ihm so gut, dass er drei ganze Würste verdrückte. Na ja, nicht ganz drei, bei der letzten musste sein Papa dann doch noch ein wenig mithelfen.

Bevor es richtig dunkel wurde, bereiteten sie ihr Nachtlager vor. Doch solange in der Feuerstelle noch Glut brannte, wollten sie dort noch beisammensitzen. Sie redeten über dies und das, erzählten sich ein paar Witze, lachten und sangen gleich mehrere Male dasselbe Abendlied, weil sie es so schön fanden und nur dieses eine auswendig konnten. Doch mit der Zeit sprachen sie immer weniger und gähnten dafür umso öfter.

„Zeit, schlafen zu gehen", beschloss Jonas' Papa und stand auf.

84 „Aber zuerst gehen wir noch auf Nummer sicher!" Jonas fing
an zu kichern, denn er wusste genau, was jetzt kam. Er stellte
sich neben seinen Papa und gemeinsam löschten sie das letzte
bisschen Glut.

Du kannst dir sicher vorstellen, wie schön es für Jonas jetzt war,
in seinen Schlafsack zu krabbeln, sich darin gemütlich auszu-
strecken und einfach nur in den Sternenhimmel zu schauen.
Jonas lauschte in die Stille. Er hörte das Plätschern des Baches,
ab und zu raschelte etwas im Gras und ein Käuzchen rief aus
dem nahe gelegenen Wald.

Da hörte er seinen Papa leise sagen: „Weißt du, Jonas, mir geht
es manchmal auch so, wie dir heute Nachmittag im Wald. Ich
finde manchmal auch alles schlimm. Weil etwas nicht so wird,
wie ich es mir vorgestellt habe, oder weil andere nicht so sind,
wie ich es gerne hätte. Und wenn ich schon am liebsten aufge-
ben will, dann denke ich an Jesus."

„Und was passiert dann?", wollte Jonas wissen.

Sein Papa antwortete: „Er bittet mich, ihm meinen Kummer
ganz genau zu erzählen. Das tue ich dann auch, und dabei
kann es sogar vorkommen, dass ich anfange zu jammern."

„Und dann?", fragte Jonas weiter.

„Dann geschieht etwas, das ich kaum beschreiben kann. Während
ich ihm mein Leid klage, höre ich ihn ganz leise in mir lachen."

„Lacht er dich etwa aus?", fragte Jonas erstaunt.

„Nein, das tut er nicht", erklärte sein Papa. „Er lacht in mich hinein! Weil er genau weiß, dass das meiste von alledem nur halb so schlimm ist."

„Und du?", fragte Jonas weiter. „Weißt du das auch?"

„Ja, eigentlich weiß ich es auch schon, aber ich kann es noch nicht zugeben. Also sage ich: ‚Lach nicht, Jesus' und dann passiert es. Genau in diesem Moment kann ich selbst über mein Gejammer lachen."

Jonas dachte nach und nach einem Weilchen meinte er: „Ich wusste gar nicht, dass Jesus lacht."

„Doch, natürlich!", bestärkte ihn sein Papa. „Er sieht genau, ob wir wirklich leiden. Und wenn nicht – dann sollen wir lieber mit ihm lachen!"

Jonas schloss die Augen. Er war auf einmal sehr müde und konnte gerade noch flüstern: „Das finde ich cool!"

Sein Papa schmunzelte und sagte leise: „Gute Nacht, Jonas!"

Doch das hörte Jonas schon gar nicht mehr. Er war mit einem Lächeln eingeschlafen.

Kommunionherzen

Der Tag der Erstkommunion rückte näher, und nicht nur Julia und Jonas wurden immer nervöser, allen Kommunionkindern erging es so. Sie konnten kaum noch über etwas anderes reden als darüber, was man anzieht, wie man die Haare trägt, wo man feiert, welche Geschenke und wie viel Geld man wohl bekommen würde und was man damit kaufen könnte. Und dann die Kommunion selbst … Würden sie in der Kirche auch alles richtig machen? All das war wirklich sehr aufregend, und man musste sich nicht wundern, dass sie immer zappeliger und unkonzentrierter wurden.

Ihr Religionslehrer, Herr Sommer, bemerkte das natürlich auch. Trotzdem oder vielleicht gerade deswegen gab er ihnen in der vorletzten Religionsstunde noch eine kleine Hausaufgabe auf.

„Am Tag eurer Erstkommunion werdet ihr aufgeregt sein", sagte er, „denn immerhin seid ihr die Hauptpersonen. Die Feierlichkeiten in der Kirche, die Gäste, das Festessen, die Gratulanten und die vielen Geschenke … Das alles nimmt euch ganz in Anspruch. Da ist es schwierig, zwischendurch auch noch an Jesus zu denken. Deshalb überlegt euch bitte bis zur nächsten Stunde etwas, zum Beispiel ein Zeichen, das euch dabei helfen könnte, ihn an diesem Tag nicht ganz zu vergessen."

„Noch eine Hausaufgabe!", stöhnten sie zuerst. Aber als sie hörten, dass sie diese nicht alleine lösen mussten, sondern sich zusammen mit ihren Freunden aus ihrer Kommuniongruppe etwas ausdenken durften, fanden sie es gar nicht mehr so schlimm.

Zwei Tage später trafen sich Jonas, Sebastian, Julia und Anja im Stadtpark, um die Hausaufgabe zu machen. Sie schlenderten durch den Park, setzten sich gemütlich auf eine Bank und sammelten alle Vorschläge, die ihnen gerade einfielen. Aber eine wirklich gute Idee kam dabei nicht heraus.

„Ich hab jetzt genug!", schimpfte Jonas. Er sprang von der Bank auf und rannte los.

„Wo willst du hin?", rief ihm Julia hinterher.

„Da rauf", antwortete er und zeigte auf den kleinen Hügel, der nicht weit entfernt am Rande des Parks lag. Die anderen folgten ihm und bald standen alle vier ganz oben auf dem Hügel.

Zufrieden ließen sie sich im Gras nieder, streckten sich neben-
einander aus und schauten einfach nur in den Himmel. Keiner
hatte mehr Lust, sich etwas zu der Hausaufgabe zu überlegen.
„Habt ihr auch so Angst, in der Kirche was falsch zu machen?",
fragte Anja auf einmal.
„Mm!", brummten die anderen und nickten.
„Ich bin so aufgeregt, dass mein Herz wie verrückt pocht, wenn
ich nur daran denke!", sagte Anja.
„Dabei brauchen wir gar keine Angst zu haben", meinte Julia.
„Jesus will das überhaupt nicht."
„Stimmt!", meinte nun auch Sebastian. „Ihm ist es gar nicht
wichtig, ob wir alles richtig machen."
„Genau! Frau Blum hat gesagt, dass er uns immer liebt. Auch
wenn wir Fehler machen", erinnerte Jonas seine Freunde.
Sie schauten stumm den Wolken hinterher.
„Wisst ihr, wann mein Herz wie wild pocht?", fragte Julia plötz-
lich. „Immer wenn ich daran denke, was ich wohl alles ge-
schenkt bekomme", erzählte sie.
Jetzt redeten alle vier wild durcheinander und schwärmten von
ihren Wünschen.
„Aber mein Herz pocht deshalb nicht anders als sonst", erklärte
Sebastian.
„Meins auch nicht", sagte Jonas trocken. „Das machen nur
Mädchenherzen." Die beiden Jungs gackerten los.
„Hört auf, euch über uns lustig zu machen!", beschwerten sich

90 Anja und Julia. „Macht lieber mal einen Vorschlag für unsere Hausaufgabe!"

„Ich kann nicht, mein Herz pocht so", jammerte Jonas und hielt sich den Bauch vor Lachen.

„Blödmann!", kicherte Julia und gab Jonas einen ordentlichen Stups in die Seite. Doch gleich darauf setzte sie sich mit einem Ruck auf. „Hey Leute, ich hab's! Man könnte ein Herz machen", verkündete sie laut.

„Was meinst du damit?", fragte Jonas und rieb sich die Stelle, an der Julia ihn erwischt hatte.

„Na, ganz einfach, man könnte ein richtig schönes Herz malen, ausschneiden, und das wäre dann das Zeichen für Jesus!", erklärte Julia.

„Und warum gerade ein Herz?", wollte Sebastian wissen.

„Ist doch klar", antwortete Anja, „weil das Herz das Zeichen der Liebe ist."

„Hä?", machten beide Jungs wie aus einem Mund.

„Schon vergessen?", stöhnte Anja und fasste sich an die Stirn. „Jesus liebt uns und wünscht sich, dass wir ihn auch lieb haben!"

„Das können Jungs nicht verstehen, weil ihr Herz nicht richtig pocht", fügte Julia schlagfertig hinzu und bekam im nächsten Moment einen kleinen Klaps von Jonas auf den Rücken. So ging das noch eine Weile hin und her, sie alberten herum und neckten sich gegenseitig. Dann rannten sie ausgelassen und erleichtert den Hügel hinab. Schließlich hatten sie soeben ihre Hausaufgabe erledigt!

In der nächsten Religionsstunde wurden einige gute Ideen für ein Zeichen zusammengetragen: Man könnte einen Tabernakel malen und aufhängen oder kleine Papierkreuze im Haus verteilen oder die Buchstaben J, E, S und U aus buntem Papier ausschneiden und auf der Festtafel verteilen. Am besten aber gefiel allen der Vorschlag mit dem Herzen. Also holten sie ihre Zeichenblöcke und Farbstifte und machten sich sofort ans Werk.

„Ist das Herz groß genug?" – „Sollen wir es am Schluss ausschneiden?" – „Ist es schön so?" – „Dürfen wir auch was draufschreiben?", tönte es durch das Klassenzimmer. Herr Sommer beantwortete alle Fragen, doch irgendwann legte er eine CD mit leiser Musik ein und wandte sich an die Klasse: „Nun werdet mal ruhig! Hört auf die Musik und seid ganz bei euren Herzen, die ihr für Jesus schön gestalten wollt." Da wurde es ganz still. Man hörte nur noch die Musik und hin und wieder das leise Klappern der Buntstifte.

Bevor es zur Pause läutete, waren alle rechtzeitig fertig geworden. Und da lagen sie nun, die Kommunionherzen: große und etwas kleinere, in leuchtenden Farben, mit den verschiedensten Mustern, Blumengirlanden, religiösen Symbolen und bunter Schrift. Eines schöner als das andere.

„Habt ihr denn auch schon eine Idee, wo euer Kommunionherz seinen Platz bekommen soll, damit es euch erinnern kann?", fragte Herr Sommer, nachdem er jedes einzelne bewundert hatte. Schon plapperten wieder alle durcheinander und machten Vorschläge für die unterschiedlichsten Orte.

„Also ich hänge meines über den Tisch mit den Geschenken!", verkündete Julia. Die anderen überlegten noch, doch nach und nach fand jeder diesen Platz am besten.

Und so kam es, dass am Tag der Erstkommunion bei allen über den Geschenken ein buntes Papierherz zu finden war, das jedes Kind an den erinnerte, der sich ihnen heute zum ersten Mal in einer Hostie geschenkt hatte.